ZauberOrte DichterWorte

Unterwegs am Bodensee

Texte und Bilder zum Träumen

Bild- und Textauswahl:
Uli Betz, Michael Greuter

Fotos:
Hans Noll, Markus Mauthe,
Harald Tolksdorf

Verlag Michael Greuter

Der See liegt da, ein Kind
am blauen Morgen,
dem Himmel nah und lind
in ihm geborgen.

Die Möwen atmen kaum
auf glattem Grunde.
Nicht eine weckt den Traum
der Frühlingsstunde.

Ein Wunder alt und schlicht
hat sich begeben:
Ein neues Angesicht
zeigt alles Leben.

"Um Ostern"
Emanuel von Bodman
(1874 – 1946)

Am Himmel wächst der Sonne Glut,
aufquillt der See, das Eis zersprang,
das erste Segel teilt die Flut,
mir schwillt das Herz wie Segeldrang.

Zu wandern ist das Herz verdammt,
das seinen Jugendtag versäumt,
sobald die Lenzessonne flammt,
sobald die Welle wieder schäumt.

Verscherzte Jugend ist ein Schmerz
und einer ew'gen Sehnsucht Hort,
nach seinem Lenze sucht das Herz
in einem fort, in einem fort!

aus "Lenzfahrt"
Conrad Ferdinand Meyer
(1825 – 1898)

G-760

Mainau, stilles Wunderland,
wie die Wasserrose
steigst du, Holde, märchenschön
aus des Sees Schoße.

Sanfter klingt die Welle hier
in die süße Stille;
nicht schreckt dich des Tages Lärm,
liebliche Idylle!

Welt und Weh so fern, so fern
selig abgeschieden
atmet wer hier Einkehr hält,
deinen tiefen Frieden!

aus "Mainau"
Anton König
(um 1900)

Ich geh durch die greise nächtige Stadt,
will wissen, was Konstanz für Träume hat.
Ob sich der alte Zauber schon brach?

Lichter erstehen und sterben im Hafen,
Giebelhäuser sinnen verschlafen
wilden, weiten Zeiten nach.
\- - -
Heimlich wie leise Knappen der Herrn
schwinden Schatten im Dämmerflocken...
und dann kommt es wie Osterglocken
über den Hafen, von fern, von fern.

Und ich schaue zurück auf die Stadt,
will wissen, was Konstanz für Träume hat.

aus "Vision"
Rainer Maria Rilke
(1875 – 1926)

Oh, wer um alle Rosen wüßte,
die rings in stillen Gärten stehn –
oh, wer um alle wüßte, müßte
wie im Rausch durchs Leben gehn.

Du brichst hinein mit rauhen Sinnen,
als wie ein Wind in einen Wald –
und wie ein Duft wehst du von hinnen,
dir selbst verwandelte Gestalt.

Oh, wer um alle Rosen wüßte,
die rings in stillen Gärten stehn –
oh, wer um alle wüßte, müßte
wie im Rausch durchs Leben gehn.

"Von den heimlichen Rosen"
Christian Morgenstern
(1871 – 1914)

Reichenau, blühendes Eiland,
wie bist du vor andern gesegnet!

Reich an Schätzen des Wissens
und heiligem Sinn der Bewohner,
reich an des Obstbaumes Frucht
und schwellender Traube
des Weinbergs.

Immerdar blüht es auf dir
und spiegelt im See sich die Lilie,
weithin schallet dein Ruhm....

aus "Ode auf die Reichenau"
Abt Ermenrich von Ellwangen
(9. Jahrhundert)

...noch freut sich das Türmchen,
in schlanker Höhe den weiten
See zu beschauen
den ganzen Tag und segelnde Schiffe.

Und jenseits, am Ufer gestreckt,
so Städte wie Dörfer,
fern, doch deutlich dem Aug,
im Glanz durchsichtiger Lüfte.

Aber im Grund
wie schimmern die Berge,
wie hebet der Säntis
silberklar in himmlischer Ruh'
die gewaltigen Schultern!

aus "Idylle vom Bodensee"
Eduard Mörike
(1804 – 1875)

...wo die Seevögel fliegen,
die Schiffsglocke läutet,
steigen wir ein in die Dampfer.
Und wir fahren.
Das Wasser ist so tiefblau,
daß wir uns an machen Tagen
tief im Süden wähnen.
Von allen Ufern winken
die Orte, die Türme,
Kirchen, Bäume und Hügel.

Und das schöne Überlingen
in seiner festlichen Bucht
blickt uns lange nach,
wie eine Traumstadt,
ein holder Blumenort,
eine Geliebte am See.

aus "Schöne Stadt am Bodensee"
Friedrich Schnack
(1888 – 1977)

Zum faulen Pelz

Oh schau, sie schweben wieder
wie leise Melodien
vergessener schöner Lieder
am blauen Himmel hin!

Kein Herz kann sie verstehen,
dem nicht auf langer Fahrt
ein Wissen von allen Wehen
und Freuden des Wanderns ward.

Ich liebe die Weißen, Losen
wie Sonne, Meer und Wind,
weil sie der Heimatlosen
Schwestern und Engel sind.

"Weiße Wolken"
Hermann Hesse
(1877 – 1962)

An des Balkones Gitter lehnte ich
und wartete, du mildes Licht,
auf dich.
Hoch über mir, gleich trübem
Eiskristalle
zerschmolzen, schwamm des
Firmamentes Halle.

Der See verschimmerte mit leisem
Dehnen,
zerfloßne Perlen oder
Wolkentränen?

Es rieselte, es dämmerte um mich,
ich wartete, du mildes Licht,
auf dich.

aus "Mondesaufgang"
Annette von Droste-Hülshoff
(1797 – 1848)

Aber dieser See!
Fast weiß, wie
geschmolzenes Blei,
das man durch einen
Goldschleier betrachtet,
lag er jetzt
im Nachmittagslicht
und trug unendlich
sanfte Wellenlinien
an die Mauer heran.

Das Schweizer Ufer,
mit seinen Waldhügeln,
hinter denen der große
Säntis thronte,
lag in lauter Flimmer
und Schimmer.

aus "Der liebe Augustin"
Horst Wolfram Geißler
(1893 – 1983)

Mondblauer Strom. Die Brücke darüber.
Die Türme der Stadt in der Nacht.
Ein Wagen rollt. Im Fieber
hat sich der heiße Tag vollbracht.

Von weitem kam ich hergefahren,
nun rühre ich kein Ruder mehr,
mir ist, als säh ich viel Gefahren
schweigend versinken um mich her...

Das Boot ruht an den Pfahl gebunden,
vom Tage blieb mir kaum ein Wort
und langsam gleiten die Stunden
verströmend mit den Fluten fort.

"Im Boot"
Jacob Picard
(1883 – 1967)

Da war er,
der geliebte See,
reicher in
seiner Abwechslung,
leuchtender in
seinen Farben,
als ihn all meine
Phantasie erträumt hatte.

In grünblauem Silber
erstreckte er sich
unter einem Himmel,
voll weißer Sommerwolken
bis an den Fuß der Voralpen...

aus "Geliebter See"
Maré Stahl
(1897 – 1974)

Wie jede Blüte welkt und jede Jugend
dem Alter weicht, blüht jede Lebensstufe,
blüht jede Weisheit auch und jede Tugend
zu ihrer Zeit und darf nicht ewig dauern.
Es muß das Herz bei jedem Lebensrufe
bereit zum Abschied sein und Neubeginne,
um sich in Tapferkeit und ohne Trauern
in andre, neue Bindungen zu geben.
Und jedem Anfang wohnt ein Zauber inne,
der uns beschützt und der uns hilft, zu leben.

Wir sollen heiter Raum um Raum durchschreiten,
an keinem wie an einer Heimat hängen,
der Weltgeist will nicht fesseln uns und engen,
er will uns Stuf' um Stufe heben, weiten.
Kaum sind wir heimisch einem Lebenskreise
und traulich eingewohnt, so droht Erschlaffen,
nur wer bereit zu Aufbruch ist und Reise,
mag lähmender Gewöhnung sich entraffen.

Es wird vielleicht auch noch die Todesstunde
uns neuen Räumen jung entgegen senden,
des Lebens Ruf an uns wird niemals enden...
wohlan denn, Herz, nimm Abschied und gesunde!

"Stufen"
Hermann Hesse
(1877 – 1962)

Das war ein Sommer
voll Heiterkeit,
ein Sommer
von Gottes Gnaden:
Kein Berg zu hoch,
kein Weg zu weit,
kein Ufer zu fährlich
dem Baden.

Der Landschaft Zauber,
der Farben Pracht,
schuf harmlos
glückliche Stunden.
Da ward gesungen,
gemalt und gelacht
und zu Kränzen
Blaublumen gewunden.

aus "Mettnaustimmung"
Joseph Viktor von Scheffel
(1826 – 1886)

Da hat sich im Sonnenscheine
über meinem Kahn
eine rührende kleine
Wolke aufgetan.

Tropfen, farbig erhellt,
fielen, nur wenige hundert.
Ich und die freundliche Welt
waren so sanft verwundert.

Die stolzen Regenbogen
regten und bogen sich nicht.
Keiner ist aufgezogen
als dies kleine Gedicht.

"Winziger Regenbogen"
Werner Bergengruen
(1892 – 1964)

Herr: es ist Zeit.
Der Sommer war sehr groß.
Leg deinen Schatten
auf die Sonnenuhren,
und auf den Fluren
laß die Winde los.

Befiehl den letzten Früchten
voll zu sein;
Gib ihnen noch
zwei südlichere Tage,
dränge sie zur Vollendung hin
und jage
die letzte Süße in den schweren Wein.

Wer jetzt kein Haus hat,
baut sich keines mehr.
Wer jetzt allein ist,
wird es lange bleiben,
wird wachen, lesen,
lange Briefe schreiben
und wird in den Alleen hin und her
unruhig wandern,
wenn die Blätter treiben.

"Herbsttag"
Rainer Maria Rilke
(1875 – 1926)

Wie rauschte tief azuren
der See und rauschte sacht,
als wir von Lindau fuhren
in klargestirnter Nacht!

Sanft weht' es von den Hügeln
und leise wie ein Schwan
mit ausgespannten Flügeln
zog unser Schiff die Bahn.
- - -
Der Mond war aufgegangen
am Saum des Firmaments
und übers Wasser klangen
die Glocken von Bregenz.

aus "Eine Sommernacht"
Emanuel Geibel
(1815 – 1884)

Nun fließt die Welt
in kühlem Mondenlicht,
die Berge sind
in weißem Duft versunken.
Der See, der leis
um meinen Kahn sich bricht,
spielt fern hinaus
in irren Silberfunken,
doch sein Gestad'
erkenn' ich nicht.

Wie weit! Wie still!
Da schließt in mir
ein Sinn sich auf,
das Unnennbarste
zu verstehen.
Uralte Melodien gehen
durch meine Brust
gedämpft dahin.

Es sinkt, wie Tau,
der Ewigkeit Gedanke
kühl schauernd über mich
und füllt mich ganz,
und mich umflutet
sonder Schranke
ein uferloses Meer
von weißem Glanz.

"Auf dem See"
Emanuel Geibel
(1815 –1884)

BILDNACHWEIS:

Hans Noll: Titelbild, Lindau Hafen; S. 8/9, Konstanz Hafen; S.14/15, Blick auf Überlingen mit Alpensicht; S. 24/25, Blick von der Reichenau Richtung Westen, S. 36/37, Lindau Hafen bei Nacht; S. 38/39, Blick auf den Untersee vom Naturfreundehaus Nähe Hohentwiel

Markus Mauthe: S. 32/33, Friedrichshafen

Harald Tolksdorf: S. 2/3, Blick auf Sipplingen und den Überlinger See; S. 4/5, Blick von der Mettnau auf die Kirche in Horn; S. 6/7, Mainau Tulpenblüte; S. 10/11, Gartenanlage Schloß Arenenberg, Blick auf Höri und Hegau; S. 12/13, Reichenau, Blick auf St. Georg; S. 16/17, Blick vom See auf die Uferpromenade Überlingen; S. 18/19, Pfahlbauten Unteruhldingen; S. 20/21, Blick vom Kriegerdenkmal Hagnau Richtung Meersburg; S. 22/23, Blick von Birnau in Richtung Unteruhldingen; S. 26/27, Blick von Birnau Richtung Schloß Maurach; S. 28/29, Blick von der Mettnau in Radolfzell auf den See; S. 30/31, Blick von der Mettnau Richtung Radolfzell und Hegau; S. 34/35, bei Birnau

TEXTNACHWEIS:

Der Abdruck des Gedichtes "Ostern" von Emanuel von Bodman erfolgt mit freundlicher Genehmigung von Wilderich Graf von Bodman.

"Im Boot" aus Jacob Picard "Werke", Neuausgabe 1996, © Libelle Verlag

"Weiße Wolken" und "Stufen" aus Hermann Hesse, Sämtliche Werke Band 10 "Die Gedichte", © Suhrkamp Verlag 2001

"Der liebe Augustin" aus Horst Wolfram Geißler "Der liebe Augustin", © Sanssouci im Hanser Verlag 1993

"Winziger Regenbogen" aus Werner Bergengruen, "Gestern fuhr ich Fische fangen..." Hundert Gedichte. Hg. v. N. Luise Hackelsberger, © 1992 Arche Verlag, Raabe+Vitali, Zürich

Die Texte von Friedrich Schnack und Maré Stahl sind dem Band "Bodensee-Dichterspiegel", Verlagsanstalt Merk & Co., Konstanz 1949 entnommen.

In jenen Fällen, in denen es nicht möglich war, den Rechtsinhaber bzw. -nachfolger zu ermitteln, konnte ausnahmsweise keine Nachdruckerlaubnis eingeholt werden. Honoraransprüche der Rechtsinhaber bzw. der Erben bleiben gewährleistet.

IMPRESSUM:

Bild- und Textauswahl: Uli Betz, Michael Greuter

Satz und Gestaltung: ScanCompany, Möhrle & Petek, 78315 Radolfzell

Druck: Druckerei Uhl, 78315 Radolfzell

ISBN 3-9806273-6-5